Fables et Chansons

LAURENT ÉVRARD

Fables et Chansons

PARIS

LÉON VANIER, LIBRAIRE-ÉDITEUR

19, QUAI SAINT-MICHEL, 19

MDCCCC

On trouvera dans ces poésies plus de maladresse que de témérité. Les rimes — heurtantes — ne sont pas une innovation. Qu'on me permette une altération typographique, et les voici, ou peu s'en faut, dans « La Chasse du Burgrave » :

— Daigne protéger notre chasse.
Châsse de Monseigneur Godefroi,

Roi ! Si tu fais ce que je désire,

Sire, nous t'édifierons un tombeau

Beau ; puis je te donne un cor d'ivoire,

Voire un dais neuf à pans de velours

Lourds, etc...

Quant aux mètres allongés, ils appartiennent encore à Victor Hugo, de qui les ressources nous dispensent de trouver ailleurs. Ses périodes rythmiques ont un élan que la rime n'arrête pas :

Et l'on vit se dresser sur le monde

L'homme prédestiné, etc...

Les drapeaux prisonniers sous tes voûtes splendides

Frémirent, etc...

Ces vers se déclament très facilement. Ils ne demandent

aucun effort à la voix qui prend un point d'appui sur les syllabes accentuées et se laisse porter par la houle. Supposez une rime à l'extrémité du rejet et vous aurez des vers de 15 ou de 16 syllabes.

Ce n'est donc pas de la matière sonore ni du nombre métrique que le lecteur pourra se plaindre, mais du poète, de celui qui ne sait pas, dans les entraves d'or, marcher d'un pas agile ou boiter comme un dieu.

SUR LA ROUTE

SUR LA ROUTE

Tant de poussière

Erre en spirale,

A la hâte, d'un tour facile

Si lugubre dans sa paresse,

Et ces restes qui s'enlacent quand le vent grince,

Grains sans gites, déchets tristes, sont las des rondes

Ondoyantes sur la longue voie vers la mort.

Morne et souple, quel bond soulève

Les vautreuses nues de parcelles !

C'est le hasard,

Hardi souffleur,

Leur bourreau sûr !

Sur les pierres, jusqu'à la ville,

Vile et veule s'enfuit la bande,

En déroute, séduisante de forme éparse

Par surprises, à sa faible façon changeante,

Entoureuse de ses molles légions qui rampent,

Ample écume ou chœur de houle

Où les troubles tourbillons roulent.

Des fers au galop, passifs, pesants instruments, éclatent

A terre en lueurs de forge, en feux de marteau qui frappe

Rapide, de crochet brillant qui pince,

Insiste, et force aux contraintes d'un mètre

Étroit la musique craquante du travail terrible, cymbales

Allègres, dissonnances qui brisent et foudre décroissante, finale !

Hautain

Tintamarre où percent

Persistants et battent

Attendus les coups

Coutumiers et dûs

Du temps fort, fracas

Cahotants et durs

Hurlements, hourras

Ranimant la rage

Agissante des tâches

Acharnées, strident

Enthousiasme, éclairs,

Clairons d'âtre, échos

Colériques de caves

Aveuglantes et d'enclumes qui bravent!

Mais la poussière

Erre en glissades,

A de ternes rondeurs qui flânent,

Anneaux flasques et bouts de mèche,

Échevèle les reliques du passé grave.

Avec d'aigres élégances et des grâces

Assembleuses d'éphémères réminiscences,

Sans secousses ni vouloir d'être.

Etrangère, la flexible âme

Amortissante,

Hantée de vague

Vagabondage,

Agile ombre qui se parsème,

Sait mal prendre dans ses volutes,

Lutte et lance ses rafales d'oisive ivresse,

Reste ou file comme une heure de songe immense,

En sifflantes somnolences où tout s'efface

A cent mètres, les allégresses

Essayeuses et la détresse !

Les trots parcourant le sec clavier des chemins, y plaquent

Actifs, en accords bruyants, broyants, le symbole ardu

Du lucre, dans le train féroce,

Hostile de la course aux gains

Instables, et la force du thème rapace accélère, harcèle

Ses longues et ses brèves qui viennent, reviennent, monstrueuses de zèle.

Le métal

Allant qui martèle

Est lourd sur la route :

Outil violent,

Lanceur assidu

Du son comme un cri

Crisseur de l'envie

Vibrante, ou la voix

Voisine des humaines

Haines, des labeurs

Heurtants, de la peine

Enorme, et c'est l'âpre

Approche de l'effort

Horrible, de l'avide

Hideur vers le but

Utile, la fortune

Unique, c'est l'accent

Sans peur de menace

Acerbe aux retours tenaces!

Il pleuvine sur les poussières qui s'enlacent :

La sourdine de paix féconde

Ondée sagace s'intercale,

Calme en trilles, affaisse en pluie

Luisante et neuve. Son capable toucher magique

Gicle et répète, tapotant, ses abattantes

Tentatives dans un tépide,

Identique clapotement,

En traits qui lissent et sussurent

Sûrs de vaincre. Le frais refrain familier,

Lié, ferme, reprend le rhytme plein qui dure

Du repos, que les sonores gouttes sonnent.

On entend leurs bruits pressés

Séparément et distincts,

Tinter clair

L'air titilleur,

Heureux présage,

Sage abondance

Dans ses redites et redondances !

Les trots tristes se fatiguent, glissent, les heurts jurent et ricochent, grincent :

Incertaines les saccades dansent sous l'averse, les bruits mornes, sombres,

Sombrent dans les glaises, et les râles

Ralentissent, baissent ; les cadences

Denses des faillites traînent, mais les fers s'exaspèrent, se défendent,

Fendent la subtile toile humide, mordent les fils fluides qui se tendent,

Courent

Courroucés, scindent

Indignés mare,

Arabesques, boues,

Boufîissures, taches
Achoppantes, brumes,
Rumeurs d'eau, crèvent
Rêve et paix, troubles
Roux blafards, voiles,
Voix limpides, raclent
Raccrochants, battent,
Utilisent, forcent
Forcenés, lèsent
Les obstacles, clament
Lamentables, passent
Assurés flaque,
Accident, fosse
Aussi, pleine, taciturne, fausse !

Le frais refrain familier,
Lié, ferme, abat de pluie
Luisante et neuve tant de poussière
Errante et lente,

En traits qui lissent et sussurent :

Sur la route, déchets sans gîtes, et grains des rondes

Ondoyantes, anneaux flasques et chœurs de houle,

Où les troubles tourbillons roulent,

Où les reliques ont des grâces

Assembleuses d'éphémères réminiscences,

Sans secousses ont cessé d'être : rien de leur âme

Amortissante,

Hantée de vague

Vagabondage

Agile ombre, ne se décèle :

C'est le repos que les sonores gouttent sonnent,

On entend le bruit tépide,

Identique toucher magique,

Gicler en trilles doux et distincts,

Tinter clair

L'air titilleur,

Heureux présage,

Sage abondance

Dans ses redites et redondances.

Les glas

Glapissants du trot

Rocailleux poursuivent

Ivrement et scandent

En démons le thème

Téméraire des tâches

Acharnées, hourras

Ranimant la rage

Agissante où battent

Attendus et percent

Persistants les coups

Coutumiers des fers

Héroïques qui raclent

Raccrochant les boues

Bouffisseuses, qui lèsent

Les obstacles, s'efforcent

Forcenés, culbutent,

Utilisent, et passent

Assurés la flaque,

L'accident, les fosses

Aussi, fausses; ils bravent

Avec bruit, menacent

Assidus, ou clament

Lamentables, stridents

D'envie longue, de cris

Ricanés, d'injures

Hurlant loin, de crime

Imminent, de meurtre qui s'exprime !

DANSEUSES SYLVAINES

DANSEUSES SYLVAINES

Les forêts ont le sens de la mesure et du nombre,

Tant d'Éoles leur déclament les nouveaux mètres qu'ils inventent :

Les secrets de la danse ont pénétré dans leurs ombres

Par le charme de ces phrases qui tourbillonnent et qui ventent.

L'archet grêle, aigre, de l'Est gratte d'âpres cordes minces :

L'arpège froide frotte, des brises fines froncent, pincent, grincent.

Le feuillage est surpris par ce crincrin qui l'évente,

Et, docile sous les thèmes, ils se trémousse de leur verve.

Il se livre au frisson de ces fraîcheurs si savantes,

Aux petites maigres ondes qui le chatouillent et l'énervent.

Les vents de harpe ont commencé de souffler par douces masses.

Leurs notes hautes en délicates, rapides douches de glace passent.

L'armature ondulante a des langueurs et s'énerve

Vers les cimes qui se crispent aux légers spasmes de l'attente.

Les rameaux attentifs d'un remous lent se réservent

Pour les rhytmes plus rapides qui les bousculent et les tentent.

L'aigu tam-tam fait tinter ses brusques cuivres qui se brisent :

Voici les trilles des poussières dans l'âcre, sûre, grise bise.

La rafale a froissé les frondaisons et les tente.

Par un geste qui retrousse leurs trop traînantes garnitures,

Les bras nus ont ployé dans la lenteur des détentes ;

En ses poses le bois craque sous les aisselles des ramures.

L'intolérant orgue roi, jaloux du bruit, s'enfle, refoule ;

Ses fugues vivaces se poursuivent et s'enchevêtrent, roulent, se foulent.

Quel talent ces futaies ! Quel bel effort des ramures !

Mille écharpes vertes, vertes, gonflent, s'envolent, se recueillent.

L'art suprême est un lourd déhanchement de ceinture

Qui balance jusqu'à terre les souples membres et leurs feuilles.

Le vent s'élève aux irritants diapasons de fort ténor :

Un ut énorme se précipite de la poitrine du sonore Nord !

Le plaisir fait crier tout le squelette et les feuilles :
Tourner vite sur les aines ! Meurtrir l'écorce par les chocs !
S'allonger, osciller dans le péril et l'orgueil
Des beaux muscles, des longs torses, du grand spectacle qui disloque !

Le foudroyant unisson des violons criards éclate !
Les chanterelles faussent leurs plaintes de disparates, scélérates chattes.

La tempête entraînante inspire, égare et disloque
Les danseuses séculaires qui se flagellent de leurs branches !
La forêt s'abandonne à des fureurs équivoques,
Aux secousses pathétiques qui martyrisent sous les hanches !

Du vent roulant comme un galop d'escadron donne :
Les altos tristes d'un profond timbre monotone tonnent.

Soudain, droit, arrogant, comme arcbouté sur des hanches,

Un corps raide se soulève dans ses verdures libertines,

Et brandit des bras noirs avec emphase hors des manches !

Et s'élance sur les pointes épouvantables des racines !

Le trémolo souterrain fait de grondants bruits de lave ;

Des contrebasses bouleversent les fonds de rauques, graves caves.

La Danseuse est sublime en ce vieux pas des racines !

Elle tombe par la force des puissants rythmes et des nombres.

Et longtemps elle écoute, en haletant sur l'échine,

Tout l'orchestre de la danse qui la provoque dans ses ombres.

ORGUES ET CLOCHES

ORGUES ET CLOCHES

Il fait nuit, l'orgue est doux, le noir charmant sort des trous,

Troupe adroite qui s'enlève sur un pied d'ombre pour la ronde,

Ondins nés de la source et des flots clairs qui leur parlent

Par les bulles et les rides inépuisables dans la fugue.

Deux cloches choquantes, tempêtent, tracassent, se pressent sans cesse,
Et sonnent, monotones, les craintes, les plaintes, les haines prochaines,
La horde des laides, des grandes, des lourdes, démentes tristesses!

Dans la fugue au cours frais, les ondins noirs sont légers ;
J'ai leurs minces corps si troubles sur ma poitrine quand ils montent :
Mon trésor délicat! Les bons amis sans regards,
Gardez l'âme qui s'apaise sous vos aveugles élégances.

Deux notes tonnantes, terribles, blessantes, traversent sans cesse,
Bourdonnent, monotones, les scènes certaines, les rages en cage,
La force stupide des mêmes, des mêmes, malades détresses !

Élégance des chimères dans les nuits d'orgues à pluie douce
D'où s'écoule un léthé tout écumeux et bruissant!
Sans mémoire, je me glisse parmi le vague de vos chairs,
Chers ondins du Léthé qui cataracte en majeur.

Deux cloches chagrines, navrantes, torturent, ressassent sans cesse,

Et sonnent, monotones, qu'on traîne ses peines, ses graves entraves.

Qu'on garde d'étranges, geignantes, très vieilles, très sottes tristesses!

En majeur, mes ondins opaquement enlacés

S'élargissent par d'intimes intelligences, se confond en t

Fondus presque. Ainsi donc va la vraie vie : Bien faciles,

Si l'on s'aime, les ententes, l'union parfaite dans l'étreinte!

Deux notes très rances suggèrent, racontent, trahissent sans cesse,

Bourdonnent, monotones, la claire misère des fêtes surfaites,

Qui laissent, si fades, de telles, de telles, livides détresses!

Dans l'étreinte, l'ombre pèse, puis en mineur tout s'effile,

File en longs remuements où s'évapore avec goût,

Goutte à goutte : Or ainsi va la vraie vie : Sans douleur

L'heure arrive des ruptures toujours légères et coulantes!

Deux cloches, chacune nuisible, blasphèment, maudissent sans cesse,

Et sonnent, monotones, les folles paroles qui suivent, poursuivent,

Qui lancent, si rauques, quelle âpre, précise, stridente tristesse !

Et coulante, l'ombre ondule, s'arpége ou trille vers les voûtes.

Vous tremblez, chers ondins, de fièvre et d'orgue éloquent

Quand il souffre : Ainsi donc fait la vraie vie : Les frissons

Sont des trilles, et les fièvres d'inimitables crescendos !

Deux notes triviales lamentent, tressaillent, harassent sans cesse,

Bourdonnent, monotones, déclament le drame du pire délire,

L'horreur rapide, le râle, le râle des rudes détresses !

Crescendos, frissons noirs, tout a cessé sur un sol.

Solennelle, la mort glace les eaux montantes du Léthé

Ténébreux : Or ainsi fait la vraie mort : Triomphante

Fantaisie, dont le thème emplit la nuit, puis se tait.

Deux cloches choquantes, tempêtent, tracassent, se pressent plus fort,

Et sonnent, monotones, les rides rigides, les boîtes étroites

Où dort le sort, le corps, le mort, et la mort, la mort !

IMMOBILES

IMMOBILES

Que les bois ont l'air dur, inexorable, immobile,
Dans ces heures invincibles de force inerte chaude et grise :
Sans lueur qui zigzague ou rien qui passe et s'irise,
Ils se tiennent formidables par le prestige survenu.

Le feuillage en suspens, inextricable et menu,

S'éternise dans l'angoisse de ces silences d'attitude.

Un repos si nombreux a les douleurs d'une étude

Surprenante dans les touffes, les fouillis sombres et les jets!

Et jadis les forêts cherchaient leur place et bougeaient.

Les lianes violentes dans leurs audaces et nomades

Essayaient tous les troncs d'une inconstante accolade,

Et sans cesse, d'arbre en arbre, dans les espaces annelaient;

Les dattiers amincis en leur squameux corselet,

Par des courbes symétriques qui se décrivent en mesure,

Oscillant sur le ciel et projettant leurs statures,

De leurs ombres, marquaient l'heure, comme un inverse balancier;

On voyait travailler les ressorts secs et l'acier

De ces feuilles métalliques qui se déplissent et se plissent;

Se rouler en cornet, se dérouler des calices,

Dans leurs prestes performances au bout des tiges, d'un seul tour;

On voyait vers le nord gesticuler les contours
De la branche qui fracasse, brandit des foudres et des flammes ;
Aujourd'hui, c'est l'esprit de ces premiers mélodrames
Qui tourmente les vieux chênes sur les lisières des forêts.

Il manquait à ces temps le cône aigu des cyprès
Et tant d'arbres qui maintiennent leurs poids flexibles dans la pose.
La verdure ignorait l'effort puissant de la pause
En ces fièvres agitantes qui survécurent au Chaos,

Cet émoi végétal semblait à l'homme un fléau
Et pour vaincre sur lui-même les primitives inquiétudes
Il conquit le repos comme une austère habitude
Par le culte difficile du geste unique et tenu.

Car c'était le malaise innumérable et ténu,
Les fugaces véhémences dont la nature se complique,
Qui devaient suggérer à l'homme ancien et mystique
Des contraintes uniformes et des attentes sans désir.

En un lieu qu'on ne peut sans se tromper définir,

Dix ascètes invincibles de volontaire force inerte,

Dans le frais tourbillon de la forêt prompte et verte,

Se dressèrent, les bras raides, tendant les palmes de leurs mains.

On ferma pour dix ans tous les accès des chemins,

Et les foules évitèrent le choc des gestes inutiles.

On tua les oiseaux remueurs d'air, les reptiles,

Et les monstres qui retournent leurs grands corps flasques trop souvent.

Puis quand fut le jour dit, sans soleil ni pli de vent,

Tout un peuple, lent de rythme, vint reconnaître ses modèles.

Et d'abord il les crut honteusement infidèles,

Tant fut longue la recherche parmi des arbres sans frisson :

Car le bois est debout dans un terrible unisson,

Et les branches immobiles en d'effrayantes permanences !

Tous les troncs orgueilleux de leur nouvelle ordonnance

Se grandissent au prodige des immuables majestés !

Car le frais tourbillon de la verdure est dompté

Par dix hommes qui transmettent leurs ressemblances à des souches !

Qu'ils sont forts et pareils, exorbitants et farouches,

Les troncs d'arbres, les troncs d'hommes, avec des feuilles ou des mains !

Et la foule effrayée, en reprenant ses chemins,

Abandonne les ascètes aux concurrences végétales.

Sous l'ombrage épaissi de volontés qui s'étalent,

Tous sentirent le vertige du fanatisme suspendu.

Maintenant, quand les bois sont allongés et tendus,

Dans ces heures invincibles de force inerte chaude et grise,

Sans lueur qui zigzague ou rien qui passe et s'irise,

Qu'ils se dressent fantastiques par l'artifice des maintiens,

Le feuillage exigu et plein de nombre entretient

Une énigme surplombante par ce silence d'attitude.

Qui ne sent la merveille et les douleurs d'une étude,

Le prodige d'une occulte loi humaine survenue ?

Qui ne sent qu'à son heure un idéal convenu

Donne aux frustes silhouettes des accents justes et du style!

Que les troncs aujourd'hui sont douloureux! qu'ils s'effilent!

Quelle angoisse dans la force des apparences immobiles!

LA PLANTE ET LE BASSIN

LA PLANTE ET LE BASSIN

La nombreuse eau de terre est un seul corps vif et fort,

Dont les milliers de cœurs bouillants sous l'arkose et le feldspath

Pathétiques, toujours battent et précipitent leurs efforts.

Grâce au fil fourmillant et continu des réseaux,

Grâce aux conduits profondément incessants, incalculables,

La blessure faite aux mares par les secousses des roseaux,

Si légère et sans bruit, se communique aussitôt,

Se fait sentir à tous ces cœurs souterrains dans les fossiles,

Silencieuses catacombes et dans les cirques de cristaux.

Le Bassin solitaire en son vieux sein lézardé

Reçoit très peu de suc limpide : Un chapelet de grains sourds,

Sourd à peine, perle à perle, des étroits bronzes oxydés.

La splendeur des moisis a mordoré l'oripeau

De satin vert et de velours surnageants : A côté glisse,

Lisse et riche, le fard d'ambre sur le nu fade de la peau.

Et la plante aquatique avec douleur a grandi.

Même on dirait que pour son âge elle est trop vieille et se grime,

Grimaçante sur ses tiges dans ses feuillages enlaidis.

Elle est bien, bien trop longue en son essor miséreux.

Sur le miroir mal étamé, son corps plie et se reflète,

Flétri, blême, jusqu'au sable, jusqu'aux insectes dans les creux.

Par un sens merveilleux de végétal qui vit d'eau,

Elle a besoin de toujours mieux se réfléchir, et se hausse,

Aussi maigre qu'elle est jaune sous la fatigue du fardeau.

Tous les jours elle a soif dans la peine et l'énergie

Pour s'élever sans eau ni sève. Et toujours plus irréelle

Elle étonne, fée ou feuille, plante ou déesse qui surgit.

Car le but poursuivi dans le martyre et l'horreur,

Toujours monter, toujours mourir, pour donner à ce bassin

Sympathique son image méconnaissable de maigreur,

Ce bizarre idéal avec l'espoir presque humain,

Et le courage inattendu qui fait souffrir la verdure

Dure à soi-même jusqu'aux taches de coriace parchemin,

Les longs jours consacrés à l'ascétisme altérant

Ont desséché sa chair verte et c'est une autre forme exquise

Qui zigzague dans son spectre sous le flot d'ambre transparent.

C'est dans l'eau maintenant un contour rare et des bras

Flous et fluets, qui, balancés et féminins, tout au fond

Font des grâces, s'enjolivent de fantastiques embarras ;

C'est dans l'eau le vrai galbe et le long cou dégagé

De la Nymphe : Et le bassin connaît la joie des rivières

Hiératiques, où naguère tant de déesses ont nagé !

Toute eau vive a l'orgueil de créer l'être et le dieu

Intimement, par des moyens décevants et des surprises

Prismatiques à la source des longs fleuves insidieux.

Grâce au fil fourmillant et compliqué des réseaux,

Grâce aux conduits si sensitifs dans leurs profonds entrelacs,

La naissance d'un mirage fut-ce une esquisse de roseau,

Éphémère et sans prix, se communique aussitôt,

Se fait connaître à tous les cœurs souterrains dans les fossiles

Silencieuses catacombes et dans les cirques de cristaux.

Or la joie ressentie en ces cœurs à pouls lointains

Et contenus fait arriver de fabuleux accidents

Dans la gorge trop étroite des vaisseaux grêles, le matin,

Quand la neige a fondu sur les chemins en une heure,

Et que partout le printemps coule indocile et débridé,

Dégringole, roule et tombe, danse et jongle, carillonneur.

Un matin de printemps tous les tuyaux ont gonflé !

Un flot bouillonne en ce vieux bronze, un jet se hisse : Avec bruit.

Ruisselantes, insolites, des chansons viennent déferler.

Et la source entraînante qui se délivre et s'accroît

Accourt plus vite et se dépasse en grossissant, grimpe et vole

Volontaire, pour faire un fleuve trop factice, mais adroit,

A la Nymphe inventée, pour accomplir en sautant

Son vieux destin mythologique et la loi des corps liquides

Qui déversent pour des fables leurs sangs rapides et montants !

Je ne sais quel hasard refoula l'eau vers ses cœurs.

Mais la mare était formée : Elle attendait neuve et soudaine

Des naissances de déesses dans les spectres que font les fleurs.

Et la plante a connu le débordant paradis !

Comme elle a bu l'étang d'un jour qui s'est donné plein de foi !

Foisonnantes, dans les tiges, les vies aqueuses ont bondi !

Le jour, la nuit, son pied verdoie, devient ferme et chevelu.

Il se propage et des luisants inusités, durs et frais,

Ressuscitent de la longue plante héroïque qui n'est plus.

Son instinct perverti, c'est désormais de sucer

Les sucs divins et d'étaler des énergies sensuelles ;

Elle est lourde de bien-être dans ses feuillages damassés ;

Et bientôt le bassin, l'étang fidèle et surpris,

A passé dans la vigueur, et les élans de joie profane,

Animale, violente, de ces verdures sans esprit.

Ce n'est plus qu'un obscur sussurement qui s'éteint

Et diminue dans l'épaisseur de la boue, sous les racines

Sinueuses. Et s'il demeure dans les bulles quelque instinct.

Et s'il reste à la vase assez d'eau pour égoutter,

Un sens tenace et qui survit tant qu'un peu de bruit ruisselle,

C'est la force pénétrante, c'est l'aquatique vanité

De créer, d'animer n'étant plus soi, de monter

Capté toujours, poussé, contraint par son âme et par la crue

Crucifiante, dans les tiges, avec les sèves de l'été!

La profonde eau de terre est un seul corps vif et fort

Dont les milliers de cœurs bouillants sous l'arkose et le feldspath,

Pathétiques, toujours battent et précipitent leurs efforts.

Grâce au fil fourmillant et sensitif du réseau,

Grâce aux conduits profondément contenus et refoulés,

L'égoïsme végétal, fut-ce une injure de roseau

Sur l'éclat d'un mirage, est douloureux aussitôt,

Et fait souffrir tous les cœurs souterrains, dans les fossiles,

Silencieuses catacombes et dans les cirques de cristaux.

ROUES DE MOULIN

ROUES DE MOULIN

L'eau qui pèse

Aisément, l'eau se glisse

Lisse et prompte, l'eau façonne

Son ouvrage sans l'effort

Ordinaire : elle échappe,

Aplanit, longe et mine,

Minaudière, puis roucoule,

Coule en masses élégantes qui refoulent.

Et les roues ont perdu dans l'eau longue et les bruits enjôleurs

Leurs anciennes résistances sous ce charme qui les berce saillissant

Sans cesser, les endort par de lentes

Entreprises, d'un sommeil maladif,

Difficile, où de lourds et puissants cauchemars les assomment,

Somnambules qui se tournent, se retournent, se débattent comme un homme !

L'eau dessine

Sinueuse sa bizarre

Arabesque démoniaque

A comprendre : C'est un souple

Ou placide trait liquide

Qui démontre une égale

Allégresse des faciles

Silhouettes, des détentes

Tentatrices et des forces miroitantes.

Et la roue en tournant sent le cours et le poids d'un mystère

Terrifique, comme un rêve volubile, lunatique, qui sur place

La soulève, et l'oblige au tapage

Agitant, aux sursauts et fracas

Cahotants des volants, dont les brefs ronflements se succèdent,

Cédant vite, tour à tour, tant la chute torrentielle les obsède !

L'eau ruisselle

Célébrant sa puissance

Sensuelle dans un flux

Luxueux d'émeraudes

Audacieuses, de rubis

Bizeautés ; elle agrafe

Affairée ou répand

En traînées les agiles

Illusoires colliers d'ambre qui vacillent.

Il est bon pour les roues que l'eau longue et les chocs enjôleurs

Leur déversent de grandes leurres et les bercent sous un charme saillissant

Sans cesser, les endorment par de lentes

Entreprises dans un rêve séculaire,

Les retournent et les domptent, assourdissent, enveloppent leurs squelettes

Léthargiques, qui tressaillent quand la houle luxuriante les soufflète !

Que l'eau verse

Versatile des torrents

Remplis d'âme ou de graves

Avalanches ou des plumes

Lumineuses qui s'envolent

Volontaires en caprices

Historiés ! Que l'eau trouble,

Oublieuse, ait des vagues

Agaçantes qui sautillent et divaguent !

Il est bon pour nous tous qu'un puissant cauchemar nous assomme,

Somnambules qui s'agitent, se débattent, et s'efforcent en esclaves

Aveuglés par ce songe accablant,

Lancinant, du bonheur qui soulève

Les vouloirs, puis les foule et les tourne, les retourne, les refoule,

Houle immense sur les têtes trépidantes, trombe antique qui s'écroule !

Que l'eau batte

Attirante, qu'elle effare

Hardiment nos fantômes

Au moyen des cascades

Cadencées, et reflète

Les torpides étains glauques,

L'eau calmante ! Que l'eau passe

Assez vite, qu'elle efface

Assez lourde les mirages de nos faces !

Il est bon dans la vie qu'un courant monotone engourdisse

Dissolvant nos anciennes résistances ; il est bon qu'on se sente

Entraîné, qu'on soit ivre de tapage

Agité, de tempête et fracas

Cahotant, qu'on se brise sous les lourdes cataractes du mystère

Terrifique, sous la chute torrentielle des tristesses salutaires!

LE CERF DU LOUVRE

LE CERF DU LOUVRE

Le Grand Cerf s'est paré de lis cueillis au Blason,
Et parfumé d'un bouquet frais. Il marie afin de plaire
Les riantes balsamines au relent triste des toisons.

La maîtresse, agrandie par le croissant, l'a dompté,
Et l'arc fatal qu'elle a saisi de sa main faible et tardivé
Divinise l'équivoque de leurs hybrides voluptés.

L'animal prisonnier sous le beau corps est épris,

Tenté, cupide. Il fait rouler sous son front de singulières,

Erotiques épouvantes dans ses grands astres d'yeux surpris.

Et suivant un canon juste et subtil en ses lois,

Un avisé ciseau de cour fit ce cerf, dans sa bizarre

Arrogance, presque biche d'être aussi mièvre qu'un Valois.

Il advient, qu'attiré par un instinct de narguer,

Le ciel brillant s'abat tout vif et remue dans le vitrail,

Raille et leurre de ses prismes tous ces vieux marbres distingués.

Pour chacun il évoque avec splendeur son destin

Allégorique, et lui suggère en luisant les plus suaves

Aventures de sa fable dans les temps vastes et lointains.

Quand le cerf, en ces jeux, sent le rayon et l'esprit,

Il ne voit pas le gui sacré, ni le Druide et ses prêtresses

Tressant, graves, les verveines avec la ronce qui guérit ;

Et plus près de ses jours, dans les fourrés anoblis,

Il n'entend pas le hourvari, les taïauts, ni le délire

Ironique des sonores et redoutables hallalis !

Il entend la voix claire, il voit vibrer l'arc soudain

De la vraie Diane en ces murs clos de palais où bondissent

Disparates, pour son rêve, les cerfs antiques et les daims

Et déjà, sous le charme évocatoire et radieux

Du ciel narquois, le cerf hanté par le Mythe et son ivresse

Ressuscite dans les sentes où court la chasse des vrais dieux.

Il se sent désigné par la Déesse, souhaité

Par la curée ! Il est celui que la Course et le Désir

Irrévocables vont atteindre de leur divine cruauté !

Triomphant il aspire au chœur sacré des abois

 Plus acharnés, plus approchés ! à l'émoi des crocs qui grincent

Insatiables dans les ombres envahissantes des grands bois !

Et s urtout à l'honneur du trait rapide et vanté,

Pour ressentir éperdûment les fureurs et la fatale

Allégresse de la chasse dans sa sanglante chasteté !

Voici l'heure où le jour avec ses jeux va passer :

Le fabuleux vitrail se vide et le ciel part brusquement

Entraîné. Tous les marbres sont solitaires, délaissés ;

Le grand cerf sent la mort en ses flancs durs qu'il maudit :

Il sent mourir le cerf aimé par la vierge au pied subtil,

Il sent l'âme de la fable quitter ses restes refroidis.

IMPRESSIONS DE VOYAGE

LE PETIT THÉATRE DE VERDURE

DESSINÉ PAR GŒTHE

Le Belvéder (près de Weimar).

LE PETIT THÉATRE DE VERDURE

DESSINÉ PAR GŒTHE

Août 99. — *On taillait la charmille.*

La scène étroite en vieux charme avec sa rampe,

Et les raies vertes des coulisses qui s'intercalent,

Les festons si précis et les soigneuses verticales,

La couleur et le trait ont la finesse d'une estampe.

Les branches

Enchevêtrent, molles, minces, leurs pousses

Où sévissent, tranchent, taillent et blessent

Les cisailles : Touffes, feuilles éparses

Par centaines, sautent, tombent, s'abattent

Attérées, gisent plates.

Le théâtre en sa fraîche et forestière harmonie

Perpétue l'arabesque inoubliable et la forme,

La courbe intime, les fonds sombres, le ciel énorme

De la pensée sans repos et du génie.

La sève

Est versée. Lames, pointes qui grincent

Insatiables, chutes, tiges allègres

Aigrement, crissent, rhytment le fol

Holocauste, pressent, scandent le geste

Estival, vif, preste.

Laissez les charmes que l'exemple provoque et tente
Pousser sans tailles dans la force et le bien-être,
Car les sèves instinctives ne sauraient faire disparaître
Les festons et le trait de la pensée persistante.

O vaine

Énergie des touffes

Où foisonne le sens

Ancestral! Discipline

Inutile des cimes

Symétriques qui laissent

Essayer sur elles

Les retouches de l'empreinte immortelle!

LA LÉGENDE DE SAINT-MARC

Venise.

LA LÉGENDE DE SAINT-MARC

L'an soixante le grand môle qui se projette sur sept stades,

L'aqueduc et les rues d'Alexandrie aux deux ports,

Et Pharos dont la tour en ses blancheurs pyrophores

Superpose d'innombrables et difficiles colonnades,

Le canal de Canope et les villas des jardins

Ou Cœsar est pompeux sur le granit des gradins,

Les aiguilles incarnates de Cléopâtre l'Éclatante,

Le petit autel vert du sensuel Sérapis,

Et les fous cipolins et tous les feux des lapis,

Et les dalles de la route qui s'aplatissent miroitantes

Jusqu'aux ceps du bon lac Maréotis vers le sud,

Tout métal, tout caillou, tout minéral fruste et rude

Que font luire les mains prestes ou l'insistance des sandales,

Du grand marbre et du bronze aux brillants fins des silex,

Tout était subjugué, ensorcelé par l'Index

D'un terrible thaumaturge, puissant artiste de scandale,

L'hermétique et vieux Marc, le Magicien excellent.

Jamais Marc n'avait vu Jésus vivant et parlant,

Car saint Pierre fut son maître de paraboles mémorables.

C'est pourquoi, s'égarant sur le vrai sens et l'esprit,

Méprisant les secrets des mots nouveaux qu'il transcrit,

Sans entendre les préceptes il vit les grâces de la fable.

Enchanté par le charme et l'appareil merveilleux,

Il portait les efforts et le désir de ses yeux

Sur la forme des miracles et les exemples d'attitude.

Et surtout il enviait le geste aisé qui soumet,

L'harmonie de la pose hallucinante au sommet,

La démarche si facile vers les peureuses multitudes,

Le pied fort et léger qui va serein sur les eaux,

Dans la souple allégresse et le jeu sûr de ses os.

Quand saint Pierre, d'abondance, lui dictait d'autres Évangiles,

Marc distrait évoquait le lac sacré, les pêcheurs,

Un mât seul, puis au loin le dieu fantôme et marcheur....

A la table pathétique d'où l'on se lève plus agile,

Marc volait, s'arrogeait, avec la coupe et le vin,

L'énergie efficace et les clartés du divin,

Ce sens âpre de soi-même qui fait qu'on brise les doctrines !

Il volait, augmentait et vivifiait dans l'attente

Un pouvoir religieux de volonté rayonnante

Et d'effluves fantastiques qui se projettent et fascinent.

Ces faveurs le rendaient plus endurci, plus obtus,

Aux beautés des douleurs qui font très humble ou qui tuent.

Trop étrange pour connaître les pitiés tendres et troublantes,

Haïssant la vermine et tous les maux dévorants,

Il n'aimait que la vie qui se décuple en durant,

Les vitales résistances qui se suscitent et s'inventent,

Et bientôt il n'aima que l'Univers surhumain.

En ce jour qu'il roula le trop chrétien parchemin,

Ses tendresses se vouèrent aux météores invincibles,

Aux secrets minerais pleins de chaleur et d'aimants,

Aux trésors de carrière accumulés patiemment.

Or saint Pierre, sans comprendre l'étonnant scribe de la Bible,

L'envoya vers les dieux d'Alexandrie et des Iles :

Là, plus libre, enivré de solitude et d'exil,

Dans les sombres jouissances d'un occultisme grave et chaste,

Marc sentit tout son être exagéré par la Foi.

La magie lui devint un sacerdoce et la voie.

Près des temples, sur les places, devant les ordres et les fastes.

Il aima les luisants exaspérés des bordures,

Et la vie dont s'anime au polissage un corps dur.

Car le zèle formidable du Christ pour l'âme destructible

Chez son saint devenait l'amour du Luxe Éternel.

Il aima dans sa chair et dans ses nerfs fraternels

La matière douloureuse d'arts magnifiques et terribles ;

Il chantait avec joie la majesté des fragments.

Et portait dans son cœur les somptueux gisements.

Par des grâces ravissantes en des extases qui consacrent,

Il voyait tout croulants des éboulis de porphyre,

Des filons irisés et des coulées en saphir,

Et des marbres erratiques pleins de mollusques et de nacres.

Tout son sang pâlissait devant ces fûts vieillissants

Où pâlit un sang sec sous les poussées du passant.

Quel délire des prunelles, quels feux rapides qui dévorent,

Quand saint Marc regardait les Ocellés dans les yeux !

Marc le Mage éprouvait la charité comme un dieu

Pour les choses qui subissent les irradiances de l'effort.

Il semait la terreur avec ses mœurs de voyant,

Toujours prêt au miracle hyperbolique, effrayant.

Dans ses œuvres les plus simples, il forçait l'aide, la présence,

Les éclats, les pathos des éléments en conflit,

Appelait pour guérir le savetier sur son lit,

Un cyclone formidable, puis l'amplitude du silence

Figurant le sommeil après les cris d'agonie.

On le crut dangereux par ses essais de génie.

Tous les maîtres de l'école le condamnèrent au supplice,

Et le peuple accourut pour voir son corps déchiré.

Marc pouvait fortement, infiniment, concentrer

Ses occultes résistances et sa maîtrise protectrice.

Il savait la vertu des rocs blessés et leur fond.

Il voulut d'un vouloir moléculaire et profond,
Se survivre comme un marbre qu'immortalise le martyre !
Tout saignant, tout divin, abandonné près du Nil,

Il vécut longuement sous des soleils juvéniles :
Dans les siècles solitaires il examine son empire :
Il se juge imparfait, trop ampoulé, trop imbu

Du besoin d'étonner par la fureur du début,
Il regrette, comme un mal d'irréparable préjudice
De n'avoir jamais vu le Pied léger sur les eaux,

Dans la souple allégresse et le jeu sûr de ses os !
Les tortures de ce doute, de ces scrupules, l'affaiblissent.
Par bonheur, en errant non loin du Tigre au cours vite,

Sous le sable où son pas faisait flamber des pyrites

Il devine les arcanes d'une aventure qui le sauve,

Et l'Index est baissé vers des palais souterrains.

Tout le sol, pénétré de bondissants bruits d'airain,

Se crevasse, se déchire par l'élan brusque d'un vieux fauve !

Un lion d'Assoar énigmatique et subtil

Sort de terre et secoue le sable ancien qui scintille,

Puis ses ailes se hérissent, ses flancs ondulent, il s'applique

A marcher tout doré en compagnon sage et fort.

L'amitié de saint Marc pour ce beau bronze et ses ors

Lui révèle la puissance d'un enthousiasme magnétique.

Délivré de la crainte et de la tiède impiété,

Sûr enfin comme un Christ d'aimer assez pour dompter,

Pour séduire la matière par l'élégance du prodige,

Entraîné par l'ardeur de convertir malgré eux

A la vie qui viendra les matériaux fastueux,

Marc-le-Mage vers les vieilles magnificences se dirige.

A Bysance, il entra dans l'hippodrome au grand tour.

Vingt-deux rangs de statues y présidaient le parcours :

Près des bornes, un quadrige, fier des lointaines origines,

Dédaigneux par le cuivre et l'or épais ajouté.

Ces chevaux en voyant l'Index se tendre et pointer,

Caracolent! Ils se cabrent! Ils broient le socle! Déracinent

Leurs sabots! Ils ont peur des fouets futurs sur leurs reins!

Leur métal indigné voudrait brûler du terrain !

La main sainte vient s'abattre sur les superbes encolures,

Et la piste en vibrant renvoie l'écho d'un écart !

Marc, pour eux, entreprend de fabriquer un grand char,

Et rassemble des colonnes pour les bras raides des roues dures.

Tout d'abord, il charma les monuments légendaires,

Les fuseaux de Saba sur leur lointain belvéder,

Puis les autres, ceux d'Égypte, de Saint-Jean d'Acre, du Bosphore,

Et d'Asie et de Grèce où se mouraient tant de blocs,

A ppelant tous les fûts sans préférer une époque,

Pour les mettre dans la gloire sous ses effluves de phosphore,

Pour aider tout le marbre et le métal périssant :

Les troncs droits, résolus, du Vert féroce et grinçant,

Le jet torse des Albâtres aux pathétiques transparences,

Les fameux Tachetés et les Tigrés qui remuent,

L'Africain pléthorique à gros vaisseaux trop émus,

Et les Brèches tout en pièces dans leurs bizarres opulences,

Les Moirés de Karyste et tant de durs granuleux

Où fourmille un ruisseau vermiculaire et sableux,

Les Noirs nobles qui s'incrustent de blancheurs tristes et tragiques,

Les beaux Gris aux rousseurs de hâle antique et serein,

Et le cippe imposant de l'Impérial Purpurin,

Tous les Diaspres, tous les Rouges, la Fleur de Perse, les Ossiques :

Puis les clairs chapiteaux épanouis d'ornements,

Pleins d'oiseaux vénérés dans leur cœur frais et charmant,

De grenades fabuleuses dans l'arabesque des branchages.

Pour le corps du beau char, pour sa rotonde et ses flancs,

Un seul ton dégradé si langoureux et coulant,

Où s'encastrent des orantes, des gryphons graves, des nains sages,

Et le disque éclatant qui vient masquer les écrous.

Il fallait un dais haut sur ce palais à cent roues.

Éclatantes d'or solaires et redoutables, cinq coupoles

Ont paru: A leurs feux les jours dolents se réveillent,

Et voilà, surmontées de fruits pompeux et vermeils,

Sur les marbres fantastiques, cinq gigantesques auréoles.

Marc rêvant au destin du char flottant de Noé,

Aux trésors qui sortaient de son squelette échoué,

Dans le coffre du char large mit les espèces minérales,

Les morceaux pleins de force et les féconds résidus,

Tout le germe et la chair de l'objet d'art attendu :

Il consacre tous les marbres à de futures cathédrales

Et le grain séculaire aux brunissoirs inconnus.

Et déjà ces débris, si torturés dans leurs nus,

Élaborent, sous leurs bosses, dans leurs blessures qui s'effritent,

Des Jésus effrayants nés tout barbus près du Bœuf,

Un Hercule à flancs plats dont la peau fait des plis neufs,

Des Christophes qui suspendent leurs pieds immenses sur des truites,

Et la Sainte étonnante avec l'anneau du Zohar,

Et les faux Sarrazins, affreux, païens et pillards,

Dans les fibres d'un porphyre qui décourage tout jeu d'ombre.

Et déjà la vigueur et le génie des facettes

Ont trouvé tout un peuple évocatoire et promettent

Des grimaces et des têtes pour archivoltes en grand nombre :

Forgerons, tonneliers, tailleurs de pierre, hôteliers,

Et bouchers et barbiers, près de l'Agneau singulier.

Sur les stèles se devine l'épouvantable poids des vasques ;

Au miroir, dans les creux du Pentélique ébréché,

La vision du rinceau qui semble aimer et lécher,

Et qui rampe, lent et souple comme un reptile sous le masque.

Maintenant, les chevaux! Les temps sont nés d'atteler!

Les traits forts ! le mors pur ! Et le fouet juste envolé !

Et les croupes se défendent sous la superbe de la mèche,

Les naseaux ont soufflé des buées d'or sur la mer,

Car l'Index du cocher, droit sur la grand'route amère,

Précipite l'attelage dont tous les muscles se dépêchent.

Marc voulait ce baptême aux flancs sacrés des élus ;

Il sait bien que le marbre y trouvera son salut,

Que les vagues surexcitent les violences des patines.

Lourdement le char plein en s'immergeant se balance,

Et se baigne alangui et s'éclabousse en tous sens,

Comme un homme dans les ondes miraculeuses des piscines.

Les chevaux apaisés par le plaisir de nager

7

Ont déjà pris le pas de flot qui foule allongé.

Le sillage des roues denses entonne un large chant d'écumes,

Et les fûts triomphants dans le fracas du labeur,

Les Moirés, les Tigrés, les Africains trop rageurs,

Et les Diaspres qui projettent des chaleurs rouges dont l'eau fume,

Les beaux Gris où ruisselle un étonnant ton miré,

Le Parien qui devient si conchoïde et nacré,

Les Albâtres qui se lavent pour reparaître plus lucides,

Tous les fûts bienheureux sont désormais immortels !

Marc debout sur le siège est comme un prêtre à l'autel :

Il élève sur les lames avec l'emphase de ses guides,

Une hostie impeccable à l'art futur satisfait.

Et l'oxyde accomplit habilement son bienfait

Sur les bronzes aussi glauques que les herbages de la route,

Le bienfait de la rouille aux bas-reliefs prédestinés.

Mais soudain le chemin s'est âprement moutonné,

Et se hisse tout livide sur la sainte arche qui dégoutte.

Les polis des murs fins sont pleins de cieux furibonds.!

Par le bruit, les lueurs, et la secousse, et les bonds,

Dans les marbres, dans les vagues, la vie foisonne, se complique !

Marc admire et chérit ce beau travail sur les blocs,

Ils sourit aux éclairs des forts Sanguins dans les chocs,

Il s'approuve dans son œuvre que son pied dompte magnifique !

Ses regards vont au loin porter l'orgueil de ses yeux...

Un mât seul émergeait : C'est un signal disgracieux,

Une épave trop humaine pour ce théâtre redoutable ;

C'est pour Marc, étonné, un revenant du destin,

Un fantôme échappé de son passé si lointain :

Il lui semble voir un homme qui veut l'atteindre dans la Fable,

Et ce mât le provoque, emblématique, angoissant.

Cependant les splendeurs et l'ouragan vont croissant :

Les ténèbres se débattent contre des torches zigzagantes.

Un chœur noir se déchaîne en s'acharnant à tourner

Sur le char qui rugit dans un délire effréné !

Le mât triste sous la course des gros nuages qui l'aimantent

Passe au ras des ciels bas avec des heurts, des sursauts,

Comme un spectre effaré qui va tremblant sur les eaux,

Marc-le-Mage suit ses fuites de ses **yeux fixes** et sans flammes :

Il est pris, possédé, ensorcelé, **enchanté,**

Par ce morne inconnu qu'il voit plonger et flotter.

Ah! quelle autre résistance les pesants marbres ont dans l'âme!

Ah! l'orage a de l'âme, il est tonique, excitant.

Pour les vrais initiés du **phénomène** et du temps,

Pour les pierres qui se parent d'un glacis souple quand l'eau fouette,

Le Basalte ou l'Agate et ces **vieux** corps éprouvés

Qui sauraient, s'ils tombaient au fond des mers, y trouver

De **nouvelles** attitudes et d'attirantes silhouettes.

Marc, sans doute, a perdu dans la fureur des courants,

Sous l'effort électrique et sous les chocs déchirants,

La maîtrise quotidienne des ascendances séculaires.

Car l'idée, le souci et l'être humain ont repris

Un pouvoir sur sa vie en égarant son esprit,

Car un spectre de misère peut le surprendre, le distraire !

Et toujours il subit le revenant stupéfiant,

Le mât brusque et sauteur qui le fascine en fuyant.

Ce mât brusque fait d'affreuses extravagances de mimique ;

Saccadé maintenant, plus secoué de sursauts,

Comme un homme effrayé qui se débat sur les eaux.

Et le Mage qui sanglote dans une angoisse frénétique,

Saccadé, secoué, plein de frissons, de sursauts,

Comme un homme effrayé par le grand vent sur les eaux.

L'ancien Mage dans l'épave vient de comprendre le symbole.

Il revoit sous la foudre et les lueurs du présent

Le fantôme et les traits d'un souvenir maîtrisant,

Une image plus tenace que les nombreuses paraboles :

Dans la souple allégresse et le jeu sûr de ses os,

Un dieu fort et léger qui va serein sur les eaux,

Et cet homme, son apôtre, qui veut le suivre, qui s'avance,

Secoué, saccadé, plein de frissons, de sursauts,

Comme un mât sans espoir qui se débat sur les eaux

Et Marc souffre des tortures dans la soudaine virulence

De l'orgueil qui bondit, bat sous le front dans le sang !

Il a mal de savoir qu'un Christ vécut tout-puissant!

Il a honte du disciple capable à peine d'être un Mage

Et construit pour le joug des souvenirs obsédants!

Aussitôt il se sent environné jusqu'aux dents

Par la horde des ténèbres qui court en masse vers sa rage!

Dans l'élan monstrueux du tourbillon haletant,

Il perçoit de vieux sons, il se souvient, réentend

Les paroles incomprises par les médiocres qui se troublent,

Les deux mots décisifs : « C'est moi » dit-Il, sur les eaux !

Ces deux mots incompris font frémir Marc dans ses os.

Sur les houles, sur son âme, la nuit ancienne qui redouble,

L'ouragan dont s'accroît l'obscurité de cette heure,

Ont lancé le désastre et tout leur poids de terreur.

L'épouvante de l'énigme ! Ne pas comprendre, prendre, étreindre !

Et ce sens difficile assurément c'est la clef

Du prodige éternel et du divin trop scellé,

Des mystères invincibles où son phosphore vient s'éteindre.

Il a peur du secret qui se refuse à l'esprit,

Il a peur de l'unique et véritable Incompris !

Il grelotte dans les craintes et les démences les plus tristes.

Il a peur, peur de tout, peur du tonnerre et du bruit,

Il a p eur de la nuit, et tournant court il s'enfuit.

Il croit proches les poursuites de mâts fantasques et de Christs,

Et cinglant les reins d'or il fait voler des paillettes

Sous son fouet! Tout à coup il en a peur et le jette!

Le quadrige qui détale n'a plus pour vaincre tout l'orage

Que l'Index suppliant sans occultisme et sans art,

Qui par là, par ici montre et conduit au hasard

Vers de brèves apparences d'îlots faciles et de plages.

Comme au verbe entraînant de feu subtil et caché.

Les chevaux sont soumis aux cris aigus du cocher,

Et ces bêtes héroïques croient que leur maître leur demande

D'imiter en courant la variété des brisants.

Les voilà battant l'air de leurs sabots trop pesants,

Puis leurs croupes se soulèvent, leurs cous se courbent, redescendent,

Et souvent, comme on voit deux ou trois îlots plein de heurts

Se chercher, s'embrasser dans la rencontre en hauteur,

Tout se mêle, se fracasse, les naseaux saignent, les flancs craquent ;

Et le char ébranlé chancelle et vire en tanguant,

Les essieux sont navrants de grincements fatigants,

Les rouages se révoltent et le train ferme se détraque.

Le cocher ne veut plus du véhicule en péril,

Il le hait sous son pied soit qu'il s'arrête où qu'il file.

Il souhaite, tant les monstres de ses phantasmes le torturent,

De sauter sur le poil d'un étalon vigoureux,

Quand le char est déclive et le timon dans un creux

A l'avance, les eaux froides le paralysent aux jointures ;

Il a peur du froid morne, envahissant et sournois,

Il a peur du froid vert qui monte au cœur, et qui noie ;

Il regarde sans un geste son lion grave qui s'étonne,

Et le hait d'être un dieu quand il est homme et qu'il craint.

S'il osait remuer, il le prendrait par les crins,

Et le bronze saurait vite comment la vaste mer est bonne !

Bien des jours, bien des nuits, Marc eut peur, peur, sans répit,

Sur le siège immortel claquant des dents et tapi.

Une aurore, par miracle, les eaux se lissent et s'abattent.

Les chevaux attentifs et conformant le jarret,

Lentement, lourdement, sont mieux rythmés dans les traits.

Ils exposent à la brise leurs ors qui sèchent et se matent.

Cependant, on dirait qu'ils ont cessé de nager,

Qu'en foulant la même eau leurs mouvements ont changé

Comme ils scandent leur allure d'un pied qui frappe le sol ferme !

Et partout c'est la mer sans profondeurs et sans bruits,

L'océan sans un flot qui s'exaspère ou qui rit,

C'est l'eau lourde des asiles inviolables et du terme

Ici, là, miroiteur, un dos de sable apparaît,

L'horizon se transforme, a du relief, vient tout près.

Il émane de ces choses des bienveillances humectantes.

Marc respire et debout il reprend pied sur le char ;

Il secoue la panique et son mauvais tintamarre ;

Tous ses membres sont à l'aise dans l'attitude des détentes ;

Il se sait délivré du noir gluant, froid, épais ;

Il se sait arrivé, rapatrié dans la paix ;

Il respire des airs tièdes qui le dilatent et le brisent ;

Il connaît le plaisir d'un sentiment souverain

Qui n'est plus le beau sens de la matière et du grain,

Des assises et des marbres, des stylobates et des frises.

Il se trouble, il s'affecte, il s'attendrit sur lui-même,

Il apprend la pitié par la chaleur dont il s'aime,

Il répète comme un charme plein d'influences et de grâces

Les deux Mots qu'il applique à son salut et pour soi,

A sa vie qui renaît et qu'il constate avec foi.

Dans la force du bien-être qui rompt les craintes, les efface,

Très ému, très humain : « C'est moi » dit-il à ces eaux.

Et voici le signal hospitalier des roseaux,

Et les anses domestiques des îlots planes, les masures,

Le Canal et l'accueil du poissonneux Rialto,

Les filets suspendus sur le sommeil des bateaux,

Puis les hautes maisons neuves avec les ombres des voussures,

Leurs rangées d'écussons et leur bandeau Byzantin.

Dans le port, un mât seul, un revenant du destin,

Se répare de ses fuites, sous les auspices des lagunes,,

Et, debout maintenant, guéri des peurs, des sursauts,

Semble un homme éclairé qui se confie sur les eaux.

L'ancien mage se sent faible sous l'évidente loi commune,

Il s'entr'ouvre au remords qui s'interpose et soumet,

Il appuie sur la guide : Le char s'arrête à jamais !
Pour s'absoudre des prodiges et satisfaire la puissance
Qui veut voir près du bord les mâts craintifs qu'elle a faits.

Marc dédie au Seul Mage, Inimitable et Parfait,
Et son arche des merveilles avec ses vieilles opulences,
Et les bons étalons et le lion amical.

Il dételle en pleine eau le char branlant et le cale,
Met en pièces les roues riches et si prodigues en colonnes,
Étayant l'édifice avec les fûts qui scintillent :

Tous les fûts, les Nacrés, les Gris de mer versatiles,
Les Noirâtres où les algues des fonds sinistres tourbillonnent,
Les vrais Noirs écumants de blancs furieux et sans goût,

Les hardis Cipolins où passe encore un remous,

Et les Jaspes qui s'inondent de grands sillages et de flaques.

Au dehors, deux granits sont demeurés, colossaux.

Sur l'un d'eux, orgueilleux du bel élan et du saut,

Toujours noble, plein d'arcanes, inexpugnable, démoniaque,

Le Lion de Saint-Marc est désormais à l'affût.

Or quand Marc eut mis l'ordre et l'harmonie dans les fûts,

Il fit place sur le porche de la récente Basilique

Au quadrige immobile en plein travail et fumant,

Arrêté dans l'ampleur d'un immortel mouvement.

Quant au triste thaumaturge, privé des forces fantastiques,

Il sentait pesamment de la fatigue et mille ans.

Il avait dissipé son charme intense et brillant

Dans ces heures qui trouvèrent ses pensées lentes ou distraites,

Et sa peur fut un mal indélébile et mortel.

Il se fit apporter le siège en or comme autel,

Pour y rendre sa vieille âme dans les vieux rites, il s'apprête.

Il pouvait autrefois vivre à l'insu de la Mort :

Aujourd'hui, rassemblant tout le savoir et l'effort

Qui lui restent de ses longues accoutumances au prodige,

Il a su, plus adroit, tromper la vie et mourir.

Tout ceci fut prévu pour les destins à venir :

L'admirable sacrilège, l'abus superbe des prestiges

Rachetés par la nef, par le transept et les arcs,

Par les ors et la fièvre et les voussoirs de « Saint-Marc »,

Mais le Mage dans cette heure qu'il voulut faire la dernière,

Ignora ce dessein si manifeste en sa mort.

Échappant, par son rêve, aux nouveautés du remords,

Aux tristesses d'être un homme, parmi les bronzes et les pierres.

Égaré comme au temps d'Alexandrie et du Nil :

« Mon grand char, songea-t-il, surnagerait comme une île,

« Tous les marbres, tous les bronzes, grâce aux effluves qui fascinent.

« Se baignant, s'animant, seraient à moi dans la mer,

« Pleins d'amour, de beauté, de fabuleux sucs amers,

« Si moi-même, sur des vagues reconnaissables et voisines.

« Autrefois, j'avais vu dans le jeu sûr de ses os,

« Le Pied fort et léger marcher sans peur sur les eaux. »

VENDANGES SALINES

Le Lido.

VENDANGES SALINES

Un cep, gourmand de saumure et suceur de mer, un cep

Pousse en des limons mouvants, glissants, dragués sous la houle.

L'îlot, ce champ gras de jus amer, verdoie!

Bacchus, sur un pied tanné par l'eau, flamboie!

Ses vaisseaux d'écorce, épais, gorgés, plein d'un sel qui soule

Ont bu forts et violents, le flot familier, ont bu!

La grappe, dans son sein lucide, sent montrer la mer, la grappe

Aux profondeurs vertes, fruit glauque, chairs lisses, où blanchit l'écume

Nombreuse, pullulante Adriatique dorée !

Eau d'ambre, somptueux cristal de vague ! marée !

Des peaux de coquilles, des nacres, des algues, de l'argent qui fume

Se gonflent sous leur ciel en treilles, d'un vin formidable se gonflent !

Ces grains, domptés par l'effort du grand cabestan, ces grains

Sont saignés tout vifs, grinçants, grondants, de leur moût sauvage.

L'alcool, dans un arome orageux, ondoie !

Les marcs, comme un afflux de varechs, tournoient !

L'énergie des gaz piquants, fervents, croit et se propage :

Bacchus ! quelle ardeur tu prends aux tombeaux marins ! Bacchus !

Les jarres sont très dédaigneuses de ce vin d'abîme, les jarres

Dont un mal saumâtre, très vite, dévore la saveur tragique.

Le sel reparaît comme un fantôme, les hante!

Les vagues, les marées, sans bruit, reviennent, glaçantes!

Car ce froid qui monte, sinistre, dans l'urne; c'est l'Adriatique!

Vendanges! les flots vous reprennent la chaleur des grappes! Vendanges!

HYMNE D'ÉGLISE

Saint-Marc — Venise.

HYMNE D'ÉGLISE

Louons l'or, soleil qui monte aux nuits des nefs, louons l'or !

Il rougit les marbres murs, en été !

Il se lève, et voici la moisson d'art !

C'est la moisson au transept, le ciel flambe, il est midi !

Louons l'or joncheur de blé sur le champ noir, louons l'or !

Invoquons l'or rédempteur crié par l'ange, invoquons !

Sur un lit de mosaïque, il est né.

Il descend, et la Basilique éclate !

Mais ses rayons les plus vifs sont fichés au crucifix !

Invoquons l'or immolé, soleil en croix, invoquons !

Bénis soient les ors mourants, que l'or éteint soit béni !

Il a tant vécu pour nous, tant saigné !

Son cœur s'use, il s'épuise en tisons mats !

Sauveur brûlant des beautés de l'abside et du parvis,

Sois béni, Messie astral, or torturé, sois béni !

Hosannah dans les splendeurs de la coupole, hosannah !

L'or vivant, sur les trois chœurs, s'est dressé.

Il bondit : le firmament se dilate !

Intolérable est l'éclat du terrible or qui surgit !

Hosannah, ressuscité, l'or est vivant, hosannah !

Saint, saint, saint est le dieu bon, chair et soleil, saint, saint, saint!

D'âpres rubis et d'émaux transpercé,

Son flanc bat, de lourds reflets s'en échappent :

L'or trop humain est monté palpitant au paradis!

Saint, saint, saint, l'or éperdu, l'or plein d'amour, saint, saint, saint!

HALLUCINATION DANS LA BASILIQUE

Saint-Marc — Venise.

HALLUCINATION DANS LA BASILIQUE

Le dais vert maté d'or et tous les saints préparés

Qui surgissent dans l'attente vertigineuse d'un mystère

Ont ce poli trop émouvant et qui semble un travail d'eau,

La façon lisse du flot qui lustre par les lèvres et par la langue.

Sur les durs angles du vieux dais raide dont la veine devient exsangue,

Luc et Mathieu ont les pieds joints tout au bord du saint bandeau

Ils surveillent les deux lampes au bout des chaînes volontaires,

Ils ont l'air de garder deux seaux pendus pour puiser.

Car le sol est de flots entrechoqueurs et brisés.

Les usures de ses dalles ont les mirages de la vague,

Et sur leur nappe aussi houleuse et leur grain plus décevant,

Les pas pressentent la mer qui tremble de sa fièvre moléculaire.

Mais les arcanes de ces beaux marbres se découvrent au sanctuaire :

Voilà saint Luc, voici Mathieu, poings actifs, torse en avant ;

Ils saisissent les deux chaînes et tous leurs muscles extravaguent

Pour tirer dans les seaux le grand pavé résonnant.

Par les dieux ! C'est le flux, toujours, partout imminent !

Le miracle des eaux vertes inévitables et soudaines !

Et les seaux pleins d'aller plus haut et d'un train plus enragé

Pour les rapides apothéoses des lagunes qui s'impatientent !

Mathieu renverse des feux liquides et des flaques phosphorescentes :

En égouttant, les murs lavés sont grouillants d'éclats frangés,

Et les voûtes où s'infiltrent des lingots souples par centaines

Ont bientôt la buée et les vapeurs des lointains.

Luc a pris l'or de fond et les longs cieux yanthius,

Le macabre noir d'embûches et les sinistres remous rouges,

Tous les éclairs d'un ouragan se fourvoient sous les arceaux,

Avec des ombres impétueuses qui s'écroulent ou se poursuivent.

Les violences insupportables de ces ombres à la dérive !

La cruauté de ces éclairs éveillés dans un sursaut !

Des artères se déchirent quand ces terribles splendeurs bougent,

De vieux nerfs sont blessés dans les émaux vénérés !

Le dais vert maté d'or et tous les saints préparés

Epouvantent par la grâce vertigineuse d'un mystère,

Sous un poli trop émouvant et qui semble un travail d'eau :

La façon lisse du flot qui lustre par les lèvres et par la langue !

JARDIN D'ITALIE

Venise.

JARDIN D'ITALIE

Le jardin san-Vital est somptueux et maudit :
Les verdures y moisissent avec des miasmes d'épouvante,
Il y monte un secret et des parfums érudits
Pleins de choses mémorables et de menaces émouvantes.

Tous les bancs en vieux marbre ont disparu, sauf les pieds
Invincibles à leurs places parmi les herbes qui surviennent.
Ils ont pris l'air sournois et dangereux d'estropiés.
Ils imposent leurs malaises à ces pelouses moins anciennes,

Sous la treille en tonnelle où dort le fruit, deux Romains

Violentent leurs Sabines parmi les feuilles des citrouilles.

Le plus noble arrondit un bras pompeux et sans main.

Sur eux tombe par bavures un jour de ruines et de rouilles.

Et la table est ovale en marbre exsangue et serein.

Des tomates y présentent leurs rangées lisses et parfaites.

Les oignons en trophées sont suspendus par les crins :

Sous leurs fastes un chat passe dans le silence de ses quêtes.

Ah! ce bras du Romain, quel étonnant modelé!

Tout son torse se boursoufle comme un bandage sur ses ouates!

Son échine au hasard creuse un sillon potelé

Et la hanche s'exagère pour que la cuisse se déboite.

Ces statues sur le sol sans piédestal ni gradin

Ont des taches dramatiques, des blancheurs brusques et funestes,

Et jouent là, sous la treille, un cauchemar de jardin,

Fantastiques de misère par le prestige qui leur reste.

Car la vie est trop proche et les atteint dans leurs nus,

Dans leurs grâces maladroites et leur noblesse si baroque,

Et le lierre en grimpant sur le héros malvenu

Fait plus lourdes et bizarres les élégances de l'époque.

Car le lierre et la courge et chaque été qui s'étale,

Les tomates, l'aubergine, le chat qui passe dans son rêve,

Les fouillis frémissants de l'entrelacs végétal,

Les minutes qui palpitent avec la sève chaude et brève.

Pulsations, éclosions, fils animés, frôlements,

Tout les fixe, par contraste, ces statues frustes et faciles,

Dans la pose impossible et l'éternel groupement,

Sous les spectres du treillage qui se transforment et vacillent.

Le sol même est vivant et d'un toucher dangereux.

Dans les mottes incertaines les ferments bougent et les miasmes

Le Romain est oblique et mal dressé dans un creux :

L'atmosphère l'enveloppe d'une amplitude de marasme.

Le jardin san-Vital est somptueux et maudit.

Les verdures y moisissent avec des fièvres d'épouvante.

Il y monte un malaise et des poisons érudits

Pleins de crimes mémorables et de menaces émouvantes.

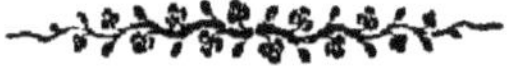

SAINT-DENIS. — IMPRIMERIE H. BOUILLANT, 20, RUE DE PARIS.